INA OLVERA

LA CÁSCARA DEL MEDIODÍA

Editorial Dilema
Madrid, 2025

Colección de poesía dirigida por Antonio Ortega

© Ina Olvera, 2025
© Editorial Dilema, 2025
Ibáñez Marín, 11 - 28019 Madrid
Teléfonos: 91 472 90 71 y 670 36 74 79
info@editorialdilema.com
www.editorialdilema.com
ISBN: 978-84-9827-700-5
Depósito Legal: M-10519-2025

Diseño de colección: María Pérez-Aguilera
Diseño de portada: Esther Hernández
Maquetación: JMPG - jmpg731@gmail.com

VETAS NIEBLA

ESPECTRO VISIBLE

> *La niebla permanecerá.*
> Samuel Beckett

Borda de hielo el ático de las nubes para no olvidar la forma sólida del sueño.

Al fondo del valle, entre montañas, van a morir las tormentas del verano. Sus viudas cantan.

Las espinas son maestras en dominar la incertidumbre del tiempo.

Esta cueva no tiene final ni ruta de regreso. Es un túnel donde la oscuridad se alimenta de la dureza de la piedra.

La sacerdotisa lee las cartas de amor que un siglo profesa por el otro. Están escritas con tinta de mercurio ardiendo.

He aquí el cuerpo del ser amado. Dentro de él todo cae por su propio peso. Afuera, *la niebla permanecerá.*

DESCOMPOSICIÓN DE LA LUZ

El guardián del clima ha colgado en la rama de un árbol el reloj que regalan los padres. El verde seguirá siendo aunque no quede nadie que dé cuerda a su ambigüedad.

Se envuelve con una manta de olas marinas al recién nacido para ahuyentar las máscaras.

Es una ciudad siempre a punto de desaparecer. Sin embargo, no conoce el abandono, pues no se exilia nadie del recuerdo que se tiene sobre uno mismo cuando ama.

Abre en canal el pecho del colibrí. Dentro, un puñado de rubíes se deshiela.

Nada impide que lo que hoy nombro color hueso mañana sea lo que ignoro de mí.

NADA DE AZAR

Volveréis a buscar la trampa en la nieve para esconder los juguetes sin cuerda.

Volveréis a comprender el vaivén de una historia que miente con la lealtad de la marejada.

Volveréis a escuchar los tacones de vuestra madre clavando el suelo de la casa. Lo que ahora os desquicia será la tabla con la que tapiar ventanas ante el aviso de vendaval.

Podríais volver, pero quizás ya no habrá nadie.

LUMEN

Es muda la memoria de los gestos que nos consolaron tras la muerte de los helechos.

El cielo verde aparecerá hasta que se dé fe de su existencia.

Se derrama el mar oscuro inundando la casa. Todo se pierde.

Sueña con la ciudad que solo aparece durante el temblor. Regresa a la patria del polvo para desertar de nuevo.

HIELO BLANCO

Mete la cara entre los barrotes y cambia el final de los libros de cabecera. El frío le atraviesa las sienes hasta la ingenuidad.

Ojos nocturnos piensan en voz baja y cargan la recámara de olvidos siderales.

Hay una ciudad en la que siempre se está a punto de nacer, cuyo sol orbita en el vacío dentro de un hueso de cereza.

NOMBRES SECRETOS DEL AIRE

Abre y cierra los ojos a la velocidad con la que desaparece una pirámide. Muros adentro, los cuerpos se desintegran; con ellos, la celebración del polvo.

Encuentra una canasta de alambre. Vale más el color del óxido que la tierra. El eco no demuestra la existencia.

Es un cuenco de luz y su reverso la sombra de una sábana fría. Nunca es un tiempo propicio para la sed de viento.

PASAJERO IMPROBABLE

Desde que las pupilas fueron tragadas por serpientes de agua siguen su trayecto hacia el océano mirando al vacío.

De un lado de la balanza puede pender la confusión de una selva, del otro, un espejismo. Pero no se elige cuándo se confundirá la lluvia.

Si los días se parecen demasiado entre ellos, la fricción da de comer a la electricidad que eriza la desnudez.

Es una ciudad donde el oro no tiene color. Solo por su peso puede saberse si la moneda está en el aire.

PÉRDIDA DE INVIERNO

Las noches, cuando se tiran los dados desde una torre, se desmoronan lentamente.

Hay eslabones que se arrastran en una frase que no termina nunca y se esperan con hostilidad.

Un péndulo con hambre ignora el grosor de los muros que atraviesa. Una desaparición puede multiplicarse a sí misma.

Entre pájaros mudos no se sabe si el viento va o viene.

HUERTO DE ILUMINACIONES

Llevar en los pendientes auroras que presintieron los días nublados.

No saber describir un color, intentarlo con las manos, señalar sin querer dónde se ocultan los amores irreales.

Dar forma a la desnudez de un canto de piedra, sembrar noches. Desdoblar el viento de la hora exacta.

PLOMO CON SABOR A JAULA ABIERTA

Los peces espada se diluyen en los ojos de quienes los miran boquear fuera del agua.

Las ramas se sacan punta con las mejillas de los días aún tiernos. Nada se esconde tras los arbustos.

Una fila de eclipses espera su llamado para salir a escena, donde se representa, otra vez, una despedida.

Dentro de los edificios sin ventanas se sueña con dar clases de piano.

La utopía reencarna en la arena nocturna; las horas del insomnio elevan los granos hacia el misterio de la cúpula.

FILOSOFÍA DEL FUEGO

No hay una palabra que describa la mirada del animal que nos olfatea en sueños.

No se ha plantado aún el árbol donde crecerán los brazos de los paraísos perdidos.

Los pliegues sobre la memoria no consiguen dar la vuelta a la taza. Permanece boca abajo.

Salimos con los ojos cerrados en las fotografías. Tampoco tenemos a bien fechar nuestra juventud.

El vínculo llama a la puerta, el silencio se desplaza.

HIPÓTESIS PARARRAYOS

HIPÓTESIS DE LA MEMORIA

La sombra del mundo se repite de una manera parecida al mecanismo del recuerdo que llama al recuerdo para no olvidar lo que se vive. La experiencia original se esfuma, pero no la compañía taimada del perro vagabundo que se pasea entre nosotros desde la antigüedad.

HIPÓTESIS DE LAS SEMILLAS

Se clavan cuchillas de metal en el tronco de la higuera para engañarla con su muerte y que de esta manera dé más frutos. Los higos entonces son más dulces, al no tener conocimiento de otros días mejores. Pronto caerán a los pies del forastero, quien se repetirá a sí mismo *He conocido la bondad de la muerte, la amenaza que se cumple.* Los finales buscan los momentos más inesperados, como una guillotina sobre la cabeza de un ciervo con hierba aún entre los dientes. La curiosidad remota tiene un precio: se cobra con la savia del árbol que no duerme para dar la bienvenida al filo.

HIPÓTESIS DEL APETITO DE LAS TERMITAS

El hambre siente predilección por los augurios.
Por eso las termitas prefieren el barco antes que el
tronco de un árbol recién cortado. Sienten un amor
verdadero por los planes que pueden salir mal, por
hundirse en la vida mientras sucede. Desdeñan la
oportunidad para mirar atrás y descubrir que se ha
navegado en círculos.

HIPÓTESIS DE LA VIGILIA

I. Teoría de la obsesión

Hay sonidos que solo pueden existir en tiempo presente, igual que la luz, o cierto pellizco de sabor. Todo lo demás es metáfora del beso inicial o el instante en el que se nos dio a conocer el motivo de nuestro vértigo.

II. Teoría figurada

El deseo en el barro sale perdiendo. Acaso lo poético tenga los bordes menos definidos, y el espíritu pueda alojarse en el consuelo de lo inaprensible.

III. Teoría del infierno fáustico

Aunque le devolviesen el alma, Fausto solo conseguiría ser un diablo más en éste u otro mundo. Pero eso ya es bastante, hay quienes no alcanzaremos siquiera los propios límites, más allá de faustos y mefistófeles, soberbios incluso en nuestra melancolía.

IV. Teoría de la respiración

Si repliegas en silencio la mirada, quizás puedas sentir
que el jadeo del caos no es ruido que te exhala, sino
tempo (todo aquello que está vivo de alguna manera lo
tiene). Como decía Kandinsky: *No busques el equilibrio,
sino el ritmo*. El pulso magnético.

HIPÓTESIS DE LA DISTANCIA ENTRE EL RELÁMPAGO Y EL TRUENO

El sol se ha fragmentado en centellas que astillan la tormenta. Las flechas zigzaguean esquivando el aroma de las flores del jazmín, que caen todas al mismo tiempo. La tierra las recibe. Son tantas que sería imposible colocar piedras alrededor y marcar el epicentro para volver a él. Llueve en la isla de los desventurados. Las ráfagas de luz se pueden ver incluso al apretar los ojos.

HIPÓTESIS GIRATORIA

Convencido de que el tiempo no razona con camaleones, ofrece un ramillete de excusas para no pasar por la puerta de hueso. Le espera la de marfil, el material con que está hecha el arma que agita a ciegas cuando pierde la fe en la espesura.

HIPÓTESIS DEL ALUMBRAMIENTO

Toda vida se sostiene sobre la muerte de otro.
                                        Chantal Maillard

En el corazón de los lobos se guardan los amaneceres venideros. Para que un día acontezca es necesario que se sacrifique uno de ellos en las garras de los demás. Queda su herida expuesta a la intemperie, de la que brota el vapor que da cuerpo a la luz y le sepulta radiante.

HIPÓTESIS DEL BOSQUE EN LLAMAS

Con astillas de hueso se sujeta el aura de las venganzas. Hilo de rueca de lo que no vendrá pero siempre está aquí. El viento abrasa al árbol que se desprende de una última sombra.

HIPÓTESIS DEL POETA SIN OÍDO

La ley de la sordera ata la punta de un pelo a la cabeza de un volcán durmiente. El silbido de la quebrada oficia el paso del funambulista. Él no lo escucha. Ni distingue una nota de un fruto que cae. La vara se equilibra con estrellas de anís y el sombrero en el aire de Paul Éluard.

LA CÁSCARA DEL MEDIODÍA

ESPEJOS DE SED

En la penumbra una madre da a luz a un castillo. En sus pequeños muros de piedra hueca, anidan toda clase de gusanos. Vibran, inquietas, larvas de destino. *Vagarás, castillo, buscando el enclave que te haga ver.*

Habrá fuentes que esperen su llegada. Y junto a su sombra nómada, del caño brotarán espejos de sed. Un reflejo intentará conquistar la torre y entrará por la ranura de la saetera. Encontrará colgando, amarrada de uno de sus pies, a la madre. Boca abajo, espera que el bronce del atardecer la transforme en tañido de campana.

VOCACIÓN DE ESCARPA

Hielo dentado, escarpa aguda de montaña. Las mira, una vez más no ha conseguido guiarlas hasta coronar la cumbre y se despeñan.

Son ellas, las cabras. Se precipitan acuchilladas por las piedras del deseo. Se derraman en picado. Balan desorbitadas.

SERPENTEO SEMILLAS

El león quiere ser domador y el domador, látigo en los dientes. El espectáculo de un aro que arde y la gravedad que separa el suelo del vaivén de la trapecista amada. Un refugio que nos salva del rezo. ¿Qué maldición conjura a ciertas semillas como piedras? Si cogiésemos un puñado de ellas y las arrojásemos al serpenteo del látigo, el león saltaría al interior del círculo de fuego, pero no lo veríamos aparecer del otro extremo.

Aparecería, ciertamente, en los colmillos de una semilla.

HERIDA EN EL HIELO

Pasará la noche caminando hacia atrás, alongando las sombras, no para cazarlas con un nombre, sino para encajarles un hacha. Cuando aparezca el día, las huellas destriparán las dudas pero solo encontrarán las escisiones en la tierra.

¿Qué será esto?, preguntará el paseante.

El vuelo de una sombra que no ha sido vista.

HUESOS DE MINOTAURO

Puñados de ceniza, no sabe de qué, de madera, espigas, de huesos de minotauro. Los ofrenda al pie del muelle para la capilla sumergida que intuye que está, que le han dicho que es, pero que los rayos del sol, ahogados en el mar revuelto, nunca han visto.

Así, cada día, otra ofrenda, ahora trae humo de ciudades ardiendo, de animales en sacrificio, de reliquias. Nada.

Una noche cualquiera se quitará la ropa y entrando, en un ángulo perfecto, acuchillará la superficie del mar hasta llegar al fondo. Buscará a tientas la capilla, o quizás con el roce de un dedo creará la piedra, la misma que le devolverá helado a la playa, envuelto en gritos de gaviotas.

SE YERGUEN LÁMINAS DE CRISTAL

Mira con los ojos de la nuca. A sus espaldas se transforma el paisaje, los volcanes escupen cardúmenes dorados, en el desierto se yerguen láminas de cristal. Por allí nace un río que se convierte en zorro, cueva, hibisco. Pero lo ignora y con esa negrura la gravedad excava precipicios y llama a los cuerpos a lanzarse. Unos encontrarán el silencio, otros, el huevo del mundo agrietándose detrás de sus cabezas.

TIERRA SOBRE TIERRA

De una oscuridad viscosa y caliente emerge una voz que cada mañana, sin esperar a que abra los ojos, le pide *Mátame.* Es una voz cegada por la idea de los haces de luz que danzan en los bosques.

Él le promete la muerte. Se lo dice en un susurro que oculta en un agujero cavado con las manos en la tierra negra. Luego lo cubre con hojarasca.

AUNQUE EL DESFILADERO

La calima se disipa. Empuja un cubo de espejos, de dos o tres veces su tamaño. Cruza el desierto acumulando arena al frente, se atasca. Cambia de dirección.

El sol salta con el horizonte. Él empuja.

Ciego al territorio, solo puede saber dónde está si mira el reflejo en las caras espejeantes. Consulta, no se entera. A dos manos, el cuerpo inclinado, empujará hasta que algo lo detenga. Lo mejor que podría pasarle es que le encontrase de pronto un desfiladero y que, al tocar el suelo, los espejos reventasen en constelaciones. Teme que le persigan años de mala magia.

CENIZA FINA

Dentro de la cáscara del mediodía, enmudecen los grillos.

El fin del mundo llegará cuando la trementina comience su descenso y nos disuelva mientras preguntamos qué servirán a la hora de comer.

Mientras, la duplicación exacta de la tierra sobre el cielo deja poco espacio. La distancia que separa la noche anterior del futuro sueño de las bestias se mide con tenazas de langosta.

LA ESTÉTICA DEL DAÑO

Es una carrera de impalas compitiendo por ver quién llega antes a las fauces del carnívoro, una carrera de las rosas por ganar asiento dentro de los frascos de cristal, del tiempo por coger desprevenida a la noche.

En las llamas de las velas aún baila el aura temblorosa del ayuno.

HACIA UN PÁJARO SOLAR

De la lengua de tierra ha conseguido desprenderse el faro, zarpa rumbo al horizonte acompañado por la tormenta oblicua que le da la bienvenida. Para no olvidarse de quién fue, cuenta una y otra vez los peldaños de su escalera de caracol. ¿Qué es un faro sino un cierto número de pasos solitarios?

Desconoce si dará al fin con una isla volcánica. Pero abre bien su ojo de luz y mengua su altura hasta tener el tamaño de una gema. Desea hundirse profundamente en los brazos del agua salina. Le arrebata del silencio el pico de un pájaro solar.

NATURALEZA ÚLTIMA

En la playa solitaria se entrega en cuclillas a entrechocar piedras, a sabiendas de que esa clase de fuego antiguo se ha extinguido hace tiempo. El de la anchura de las nubes que cabalgaron estaciones enteras. El de los siglos que tardaron los corales en remover el fondo inhóspito de las corrientes hasta elevar las olas, crispadas, verticales. Sobre sus párpados verdes los delirios ultramarinos se transparentan.

Así es la memoria, balbucea *madre* y la marea trae a sus pies el esqueleto de un animal que no reconoce.

DUDOSO ESE SIEMPRE

Hay un sitio en el cielo inaccesible al vuelo de los pájaros. Un doblez en la infancia que guarda los signos de los días.

Hay un punto entre los ojos, por encima de todas las formas que pueden dibujar los labios para nombrar a la persona amada, que no reconocemos como nuestro. Es ahí, en ese centro, donde le tiembla la mano al francotirador.

SALTO DE AGUA

Carga con el espíritu del río encaramado a sus espaldas, la corriente se filtra en su cuerpo agolpándose en los ojos. El rojo del amanecer encubre la madriguera en la que tal vez lo entierre.

Lo deja al pie de un acantilado. Amante del vacío, se abandonará entre cascadas.

FUEGO VERDE O BLANCO

Se ha mandado tapiar el pozo. Los sonámbulos se zambullían dentro buscando los dientes de leche perdidos en las encrucijadas. Lo que no saben es que han bloqueado la salida desde la cual emergían transformados en fuegos fatuos. Guías de los caminos que parecen no tener vuelta a casa.

SEÑAL ERRANTE

Cierta humedad dulzona baja de las azoteas y echa por fuera los cerrojos. *No salgas.* Las manos hormiguean al encontrar las llaves. *No hay afuera.* Es temporada de caza, ¿a dónde irá si los huracanes, que le siguen el rastro, pondrán como cebo su nombre en una hoja a punto de caer?

DUNAS VIAJERAS

Las regiones abisales no se descubren. Suceden. Con
lo que sobra del caos se intenta predecir las catástrofes
naturales, pero ellas solo pertenecen a quienes no
sobrevivieron. No hay manera de perderse a voluntad.
Las regiones desconocidas no afloran, desobedecen.

VIBRACIÓN DE FONDO

Se hace himno si se ignora que la silueta de los tigres amanecerá transformada en árbol.

Se hace himno si se cuenta con que sus ramas se agitarán hasta desprenderse del alambre de sus nidos.

Se hace himno con la limadura que sobra.

PARÁBOLA DEL VUELO

Las grullas viajan hacia el lado más oscuro del espejo.
Queda la parábola del vuelo cuyo origen es un saco
de plumas húmedas. Queda el sonido de las arpas que
toca el aguacero a la intemperie. Y aunque vibren en la
misma frecuencia de los continentes que se desplazan
hasta chocar unos con otros, seguirán sujetando los
hilos de las migraciones inexactas.

ORO ROJO

Heredó un castillo en ruinas. Dentro había tantos reyes y reinas reclamando el poder desde la sombra que cerró el portón por fuera y amarró la llave a una crin salvaje. Quien la encuentre estará atado a la búsqueda del cerrojo que ha de abrir. Un mausoleo de pavo reales blancos, sin ojos en las plumas.

BÓVEDA DEL CIELO

El sol es Dios
William Turner

Se puede ver desde aquí su cuerpo de pintor a contraluz, una mancha tatuada a los pies de la bóveda del cielo.

Todas las veces que el sol le ha confesado sus lamentaciones, los pinceles se agitaban calculando cuánto amarillo habría que hacer discutir con las crestas de cobalto o acaso se dibujaba un mapa en su espíritu para reflejar con precisión las pesadillas de la atmósfera terrestre. Ahora la lluvia, ahora el viento. Tormenta de nieve.

Amar la admiración de los hombres y no poder resistirse a provocar su naufragio.

ALFABETO DEL RIDÍCULO

*Tomarse en serio es ridículo
porque la vida no nos pertenece,
simplemente se despliega.*
Daniel Prieto Fernández

ABRECARTAS

Se alude a la circunferencia para pastorear lo que no se acaba, él sabe que la angustia pernocta en un lugar sin dirección de envío.

BONDAD

Desconfía del sueño de un escorpión. Ante la pérdida, el veneno adquiere la forma de la indocilidad. La carne sobrevive como puede.

CEGUERA

En la profundidad no hay testigos, la caída se acompaña de una mueca silenciosa y un golpe seco que despierta, bajo las tablas, a los animales recién paridos.

DESIERTO

Un león camina en círculos alrededor del tiempo imaginario. Si del delirio brota el agua, la bestia beberá de un trago su reflejo. El oasis da lo que devora. Redime la sed en arena movediza. Los secretos solares vuelven.

ENCANTAMIENTO

Surge de unas fauces húmedas el anciano que levanta la linterna. A sus pies repta un alfabeto. Oscurece lo que toca o muerde, dejando cicatriz.

FRÁGIL

De la esfera transparente de un jardín secreto no hay salida, el lenguaje de los pájaros gotea. En las plantas crecen hojas pluma. Marchita, la idea de fuga se sostiene girando sobre sí.

GAZAPO

En la sombra, la piel del tigre se seca tensada con cuerdas en los árboles, los buitres rondan. El espíritu de la herida ha sido liberado del cuerpo felino, corre en el bosque a la caza de su siguiente presa.

HECHIZO

Al golpe de una vara contra el nacimiento de un río seco, nombra a la luz. Le llama *cuna*, silencio donde se arrullan las pesadillas, al compás del latido de un animal después de una carrera.

INVERTEBRADO

En la noche que antecede a la extinción, una lengua sedienta lame la punta de los alfileres. Sujetan las alas de los insectos, que dormirán con un solo ojo.

JUEGO SUCIO

Un puñado de aves negras forman la silueta de su sombra. Si se agita para que echen a volar, una plaga de frío ensordece las ventanas.

KA

Abreviatura de kilo año, un milenio.

La prisa cleptómana deja atrás a quienes se enemistan con las corrientes de aire. Él martilla unos pedazos de madera para mantener el arco de su puerta en pie. Acontece un clavo si el umbral tiembla.

FASE LUNAR

Una dócil costumbre de abrir cangrejos que devoran lo transitorio. De reventar caparazones contra las rocas. El barro tiñe de rojo la cara oculta, en una tradición insaciable.

MAÑANA

Ante las apuestas ineludibles, los tesoreros del pueblo se juegan un costal del tamaño de un hombre hecho un ovillo. Es sabido que el ganador duerme esa noche con el hambre de otro abrazado al cuerpo.

NAVE DE LOS LOCOS

Aprietan entre las manos las piedras, que se deshacen en polvo rechinando en los dientes. Son las canciones de los marineros. Deliran por un soplo de aire que rompa la inmovilidad bruñida, resquebrajados en altamar.

OPONENTE

¿Qué te aflige? Responde la espiral del insomnio, que se expande en un disparo. La pregunta imperfecta que estalla en cristales el amanecer.

PROPÓSITO

Fundir los caballos de bronce, azuzar la velocidad de los cardos viajeros, despojar de su sombra a todo cuanto reciba luz en este mundo, hacer caer a Sísifo en la cuenta de que él es su propia piedra.

QUÉ

La vibración de los insectos afila las tijeras. Un talismán de bocas que punza la huida, por los agujeros de la intemperie en la que todo nace.

RECONSTRUCCIÓN

Hace un momento, él ha tropezado aquí, tras disolverse en la humedad boscosa ha quedado su frontera, marca indeleble de lo que no fue.

SABOTAJE

Un nudo de espadas atadas con incienso, un corazón de doble fondo, felinos agazapados en cuentos infantiles. Todo cuanto espera para sostener su nombre cuando caiga.

TEMPORAL

La fruta verde al caer reproduce el paso de los bastones. Aquellos que dejaron de ser útiles a sus dueños.

ÚNICO AMOR

No es imposible que un paréntesis en el corazón de un bosque llame en el idioma de la brizna al mismo pájaro. Infinitas desapariciones.

VÉRTIGO

Ignora si sube o baja la escala de la noche, la caída es una forma de medir la proporción. El peso muerto de la no respuesta, dar gracias a las visiones por el vaso en el cristal.

WILL O LA VOLUNTAD

La obsidiana le devuelve el reflejo en sus propios términos. Empuña la piedra afilada para perseguir al padre fantasmal. Si esto tampoco es el mapa, solo queda perderse en el afuera.

EXTRANJERO

En las islas que remedan la forma de las nubes más remotas, hay brújulas que imantan el sentido del naufragio, agujas en el agua que vigilan el destierro.

YO

Entre los paisajes que se han perdido en la mudanza o el viento de los ángulos ciegos, queda sitio para un perfíl de terracota. La memoria de la arcilla se seca cuando ya no pertenece a este mundo.

ZOE

Del griego antiguo zōḗ. Vida

Las realidades paralelas mantienen un cruce de correspondencias con el error. Un abrecartas rasga en el aire. *Eso* no existe, inventa.

RELÁMPAGOS RAÍCES

SAL

Tener el cuerpo de un acantilado cualquiera y enzarzarse con las olas, animadas por el zigzagueo de criaturas submarinas.

Ser cornamenta de ciervo, líneas quebradizas de luz, que al tocar el cielo, encienda en el azul un relámpago minúsculo.

Habitar el espíritu del turquesa, languidez de una ciénaga, en sus profundidades, huesos de distintos animales se confunden en un único esqueleto, con vida.

Un cofre vacío cae del cielo, no tocará la tierra.

RELÁMPAGOS RAÍCES

Cuerpo que invita, cuerpo que responde.
Soplo de falla geológica, luz en el tórax.
Desconocen el nombre del pájaro que descalabran,
del pezón de montaña al que se encomiendan.
Es la vida un desierto con hambre
y tras el eco la lucidez se presenta en casa,
                                        con disfraz.
El horizonte se derrama y bajo el párpado cerrojo
buscan el filo del cuchillo a tientas.

SOBREVOLANDO BERLÍN

Acercaos a la ventana, galopa la neblina.
¿Escucháis las coces contra la puerta como si quisiesen arrojarla a un abismo de matices?
Tal vez no, porque el miedo bifurca también las venas.

LA HORA MINERAL

La piel no hincha nubes, ni da movimiento al sol, porque no lo necesita, se aleja lentamente del escombro que salvaje se retracta, el diáfano escombro que no es él. Errante, sin contorno, el follaje le esconde, cómplice de su suerte.

CRUCE DE TORMENTAS

Es el verdín quien cuida
los surcos de la corteza.
Sombra sonora de alas.
Puños más pequeños que el corazón.

CRIADERO DE ÁGATAS

Las cerraduras viejas de canela no sirven como amuleto contra la timidez del azar, ni la platónica sensación de espera, a la orilla del océano, de un accidente de aire que rebobine las nubes agazapadas tras los desiertos casi en blanco.

Absorbidos, y tristemente vendidos a su majestad, la sonrisa recién pulida. Así es la tierra sin acontecimiento.

AUTORRETRATO DE HIERBA

Matutina roca en mis ojos se deshiela.
Multiplica el bosque el imposible,
con las veredas teje argucias, túneles de sombra.
Espejo de la suerte, el tiempo.

ARENA AÉREA

Era capaz de caminar sobre la curvatura de la tierra, como todos. Consciente de ello, sentía el peso de la pendiente e inclinaba un poco el torso hacia delante. El cuerpo pensativo.

Era capaz de sentir en su propia nuca la inmovilidad de la espada en el interior de una vitrina. Deshabitada. El futuro no le tiene reservadas más batallas, por más guerras que aguarden aún.

Era capaz de predecir la duración de los segundos venideros por el ritmo de las farolas en ringla de cualquier acera.

Sólido su espíritu y, sin embargo, diáfano, capaz de ser atravesado por un caballo, o traspasarle él mismo desbocándolo.

MIGRACIÓN ACERADA

Descienden cisnes en sacos negros
al fondo del cofre que abre y cierra la boca.
La noche arremolina puentes en sombra,
huevos impregnados de aceite.
Relámpagos desterrados se disuelven.
Tarde o temprano flotarán las plumas
hasta encontrar la corteza de sol acuática.
Reflejarán su luz con filo ciego.

DIANA TRANSPARENTE

Encaja de lleno un cuervo en el corazón de una paloma.
Encaja en el pecho del cuervo de lleno un tigre
como una flecha.
Vivimos invocando esta idea.

MONÓLOGO DE ESTOCOLMO

Que las promesas tomen la consistencia de la tierra.
Que los recuerdos remonten el frío.
Invocación del estado de madrugada.
Las bestias olfatean una esquina,
en la siguiente
se estrellarán en iluminaciones.

OJOS MIENTRAS SUEÑAN

Te llamo, velocidad de hielo.
Nada hay bajo la nocturna hierba.
Te llamo, silbido de áspides.
A mi puerta, un mapa de agua.

QUERIDO PAUL ÉLUARD,

Ella sigue de pie sobre tus párpados. Falsifica el mapa. Borra los otros lugares para llegar a ellos.

Cuida del cocodrilo que deposita sus huevos en la casa de muñecas, de la sacerdotisa del pan de nubes rojas, de las islas desiertas y de la maestra amante de seda líquida.

Así.

La sombra se ata a los tobillos del vínculo que se es, la caída da una voltereta en el aire y ahí queda tu sombrero, entre los mundos. El ángel del mutis peregrino le apunta con una flecha.

Sálvanos del sacrificio del nombre y concédenos la desaparición en la magia.

Dentro de la nieve que le falta a la nieve.

Dedicatorias

Nada de azar está dedicado a Alicia Moreno
Huerto de iluminaciones a Ángel Zapata
Filosofía del fuego a Inés Mendoza
Hipótesis de la memoria a Victor García Antón
Hipótesis del apetito de las termitas a Javier Pascual Echalecu
Hipótesis del poeta sin oído a Julio Monteverde
Espejos de sed a María Laura Mosqueda
Aunque el desfiladero a Ignacio Miranda
Ceniza fina a Esther Peñas
La estética del daño a Tere Susmozas
Dudoso ese siempre a Las puntas cardinales
Hacia un pájaro solar a Virgilio Olvera
Dunas viajeras a Javier Quevedo
Vibración de fondo a Laura Villarejo
Parábola del vuelo a Lola Vivas
Yo a Daniel Prieto Fernández
Zoe a Vanesa y las Manzano
Sal a Noé Ortega
La hora mineral a Carlos Grassa Toro y Ana Mareca
Cruce de tormentas a Sergi Bellver
Autorretrato de hierba a Cris San Juan
Arena aérea a María Ángeles Sebastián Ruiz
Migración acerada a Eugenio Castro y el Grupo Surrealista
de Madrid
Diana transparente a Emilia da Silva
Monólogo de Estocolmo a Brenda Olvera y Omar Enciso
Ojos mientras sueñan a Mariana Torres y Javier Sagarna

Agradecimientos

Quedo en gratitud especial a mi maestro Ángel Zapata.
Agradezco a Marta Porpetta quien eligió algunos de estos
versos para la Colección Voces Nuevas de la Editorial
Torremozas, y a Noé Ortega y Alba Pascual por ser editores
de relámpagos entre soles y sombras.
Por último, y como principio, nombrarte,
María Ángeles Sebastián Ruiz.

Índice

LA CÁSCARA DEL MEDIODÍA

ALFABETO DEL RIDÍCULO

RELÁMPAGOS RAÍCES